Gärtnern für Kinder

Tolle Ideen für Garten & Balkon

compact via ist ein Imprint der Compact Verlag GmbH

© Compact Verlag GmbH
Baierbrunner Straße 27, 81379 München
Ausgabe 2014

Text: Birgit Kuhn
Chefredaktion: Dr. Matthias Feldbaum
Redaktion: Lea Schmid, Anja Fislage
Produktion: Frank Speicher
Titelabbildungen: iStockphoto.com/MariaPavlova (li.), iStockphoto.com/
sokoziurke (re.), fotolia.com/Martine Wagner (Sonnenblume)
Abbildungen: Birgit Kuhn; Schmuckillustrationen: Doris Weigl,
Claudia Bichler (Gießkanne); Schildillustration: fotolia.com/izumi1042
Gestaltung: ekh Werbeagentur GbR, München
Umschlaggestaltung: h3a GmbH, München

ISBN 978-3-8174-9430-9
381749430/1

www.compactverlag.de

INHALT

VORWORT

Gärtnern macht Spaß, wenn man es richtig anpackt: Dazu gehören die richtigen Pflanzen an der passenden Stelle, artgerecht gepflegt. Dann sieht man Tag für Tag, wie der Garten gedeiht.

Woraus entstehen Pflanzen? Wie entwickeln sie sich? Was passiert, wenn man vergisst, seine Pflanzen zu gießen? Schon kleinere Kinder ab etwa zwei Jahren können beim Gärtnern Zusammenhänge in der Natur kennenlernen und verstehen. Je älter und geübter Kinder im Gärtnern oder, ganz allgemein, im Umgang mit der Natur sind, umso leichter fällt es ihnen, Verantwortung für ihren Kübel oder ihr Beet zu übernehmen und für ihre Pflanzen zu sorgen. Dabei haben Kinder die Gelegenheit, Kreisläufe der Natur kennenzulernen und mitzugestalten: Erst wird ausgesät bzw. gepflanzt, dann werden die Pflanzen gepflegt. Schließlich ist es Zeit für die Ernte.

In diesem Buch geht es nicht um schwierige und langwierige Gartenprojekte. Im Gegenteil: Wer mit Kindern gärtnert, liebt es schnell und unkompliziert. So haben beide – Erwachsene und Kinder – viel Freude daran! Hier werden einige Anleitungen vorgestellt, die Erwachsene mit Kindern durchführen können. Aufgeteilt nach den vier verschiedenen Gartentypen – Kräuter-, Zier-, Nutzsowie Natur- und Erlebnisgarten –, wird gezeigt, wie beispielsweise ein Kräuterkasten bepflanzt, ein Mini-Teich angelegt, ein Obstbaum gepflanzt oder ein Weidentipi gebaut wird – und noch vieles mehr!

Gärtnern ist eine Begegnung mit der Natur – spannend und beruhigend zugleich. Pflanzen und Tiere beobachten, dem Rauschen des Windes lauschen, die Konsistenz von Humus ertasten, den Duft von Blüten riechen, die Wärme der Sonne und die erfrischende Kühle im Schatten eines Baumes spüren – im Garten erproben Kinder ihre Sinne.

Dazu kommt das Wetter: Ein Garten im kühlen Regen ist ein völlig anderer Spiel- und Lebensraum als bei Sonnenschein! Die Natur, und damit auch ein Garten, steckt voller Überraschungen. Und dennoch: Schon Kinder spüren, dass alles auf eine bestimmte Weise zusammenhängt. Ohne Sonne gibt es keine Wärme, ohne Regen und Wasser herrschen Trockenheit, staubige Luft und Dürre. Dagegen bedeuten Licht, Wärme, Wasser und der richtige Boden Leben und Gedeihen. Solche Erfahrungen geben Kindern innere Sicherheit.

EINFÜHRUNG

Gärtnern rund ums Jahr

Im Garten ist (fast) immer etwas zu tun. Und Kinder können bei vielen Aufgaben mitmachen! Je vielfältiger Kinder in das Gärtnern – von der Planung bis zur Verarbeitung der Ernte – einbezogen werden, umso größer ist die Begeisterung.

Doch es gibt auch hier einiges zu beachten: Kinder haben oft großes Interesse an Neuem. Was ihnen jedoch – noch – fehlt, ist die Ausdauer. Was eben noch spannend war, wird oft sehr schnell langweilig. Das gilt insbesondere, wenn es sich um eintönige Tätigkeiten handelt, wie etwa Unkraut jäten. Es sollte daher nicht mehr als eine halbe Stunde am Stück eingeplant werden.

Dazu kommt die Sicherheit. Sie steht – auch beim Gärtnern – an erster Stelle. Spitze Hacken, frisch geschliffene Spaten, Garten- und Heckenscheren sowie Messer müssen kindersicher aufbewahrt werden. Kinder können sich damit ernsthaft verletzen! Mehr zum Thema Sicherheit im Garten auf S. 15 ff.

Im Folgenden findet sich ein Überblick an Aufgaben und Beschäftigungen im Garten rund ums Jahr, bei denen Kinder weitgehend gefahrlos mitmachen können.

Frühling: März, April, Mai

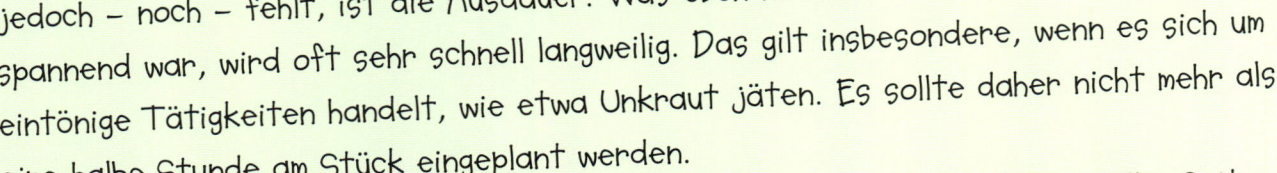

Das Frühjahr ist der Start in die Gartensaison. Jetzt gibt es viel zu sehen und auch die ersten Aktivitäten können starten.

- Keine Blumenzwiebeln im Herbst gepflanzt? Kein Problem: Gärtnereien bieten Frühjahrsblüher in Töpfen an. Hiermit lässt sich prima ein Balkonkasten mit Tulpen, Narzissen, Schneeglöckchen und Primeln bepflanzen.
- Beete und Balkonkästen mit Kräutern, Gemüse sowie ein- und zweijährigen Blumen bepflanzen. Wichtig in Gegenden mit Frost: Hier sollte mit dem Auspflanzen und Aussäen bei frostempfindlichen Pflanzen gewartet werden, bis die Eisheiligen vorbei sind. Nach dem 15. Mai gibt es gemäß Bauernregel normalerweise keine großen Kälteeinbrüche mehr.
- Holunderblüten sammeln und Holundersirup zubereiten (s. S. 70 ff.).

Im Frühling gibt es viele interessante Vorgänge im Garten zu beobachten:
- Im Garten regelmäßig an den Stellen nachsehen, wo Blumenzwiebeln gepflanzt wurden: Wo zeigen sich die ersten Triebe, Knospen und Blüten?
- Welche Zugvögel kommen aus den südlichen Regionen zurück? Mit einem Vogel-Bestimmungsbuch kann man die Vögel beobachten und bestimmen.

Sommer: Juni, Juli, August

Der Sommer ist die Gartensaison schlechthin. Jetzt wird nicht nur ausgepflanzt – bei vielen Pflanzen kann auch schon geerntet werden!
- Erdbeeren ernten: Wer Walderdbeeren im Garten hat, kann die Ausläufer in ein Beet pflanzen oder einen Erdbeerturm (s. S. 56 f.) damit bestücken.
- Pflanz- und Erntezeit für Gemüse, Kräuter und Salat: Radieschen, Kräuter und Salat können ausgepflanzt und nach einiger Zeit geerntet werden. Nachpflanzen nicht vergessen!
- Erntezeit bei Johannisbeeren: Nach der Ernte können Johannisbeersträucher mit Stecklingen vermehrt werden (s. S. 53 ff.).
- Zeit für Gartenpflege: An heißen Tagen muss morgens und abends gegossen werden. Ideal für die Pflanzen: Die Kannen am besten im Voraus am Abend bzw. am Morgen befüllen. So ist das Wasser für die Pflanzen immer richtig temperiert. Besonders wichtig: Topfpflanzen trocknen in der Hitze sehr schnell aus – hier heißt es, immer wieder kontrollieren und regelmäßig gießen!

Im Sommer gibt es in der Natur viel zu entdecken. Hier bieten sich zugleich Gelegenheiten zum Basteln!
- Auf den Wiesen und bei den Blumen in den Beeten tummeln sich viele Insekten, Falter und Raupen. Brennnesseln im Garten wenn möglich stehen lassen – zahlreiche Falterarten nutzen sie als Futterpflanze für ihre Raupen.
- Nun kann man z. B. einen Unterschlupf für Ohrwürmer (s. S. 78 ff.) und ein Insektenhotel (s. S. 87 ff.) basteln.

Herbst: September, Oktober, November

Im Herbst ist Erntezeit und Zeit zum Pflanzen!

- Die letzten Salate werden geerntet, Frühäpfel und Pflaumen sind reif, Kartoffeln und Kürbisse ebenso.
- Nun ist die Zeit, um Zwiebeln für die Frühjahrsblüher zu pflanzen. Zu beachten ist die Auswahl der Zwiebelpflanzen – Narzissen z. B. sind giftig!
- Ab und zu kann das Laub vom Rasen gerecht und als schützende Mulchschicht rund um die Gartenbäume und –büsche gestreut werden. Alternativ dazu kann in einer geschützten Ecke des Gartens ein Laubhaufen als Winterunterschlupf für Igel und viele weitere Kleintiere, wie z. B. Käfer und andere Insekten, angelegt werden.

Winter: Dezember, Januar, Februar

Im Winter ist für Gärtner im Garten wenig zu tun. Dennoch heißt es, die Augen offen halten! Diese Arbeiten dürfen nicht vergessen werden:

- An frostfreien Tagen darauf achten, dass die Töpfe nicht austrocknen, und vorsichtig nachgießen.
- Wenn draußen wenig zu tun ist, bleibt umso mehr Zeit für die Gartenplanung: Was soll wohin gepflanzt werden? Was wird wann gepflanzt?
- Wer frische Kresse liebt, kann Kressesamen auf einem Küchenkrepp in einer flachen Schale bzw. einem Teller aussäen und dort austreiben lassen (s. S. 23 ff.).

Die Natur im Winter beobachten:

- Welche Vögel kommen an die Futterplätze? Wann picken die Meisen an den Futterknödeln?
- Häufig gibt es im Garten Tierspuren. Diese kann man fotografieren und die Fotos mit einem Naturbuch vergleichen.

Die richtige Ausstattung

Zur Gartenarbeit gehört die richtige Ausrüstung – sprich: Werkzeug und die entsprechende Kleidung.

Die richtige Kleidung fürs Gärtnern

Zum Gärtnern braucht man robuste und bequeme Outdoor-Kleidung, die leicht zu reinigen ist. Ideal sind Hosen und T-Shirts, darüber ein Pullover oder eine Jacke aus einem Material wie z. B. Fleece, das bei Feuchtigkeit die Nässe nicht aufsaugt.

Zur Kleidung gehören **Schuhe**. Auch wenn es im Sommer noch so heiß ist – beim Gärtnern immer feste geschlossene Schuhe tragen! Es kann leicht passieren, dass ein Werkzeug aus der Hand fällt. Gut, wenn die Füße dann geschützt sind! Das gilt erst recht bei Arbeiten, bei denen Messer oder andere Schneidewerkzeuge im Einsatz sind, etwa beim Rasenmähen.

Es gibt im Gartenfachhandel robuste Kunststoffschuhe, die man schnell überstreifen kann und die auch leicht zu reinigen sind. Alternativ dazu kann man, v. a. wenn es sehr feucht und kühl ist, Gummistiefel anziehen.

Nicht zu vergessen – die **Handschuhe!** Um die Hände zu schützen, trägt man Gartenhandschuhe. Hier braucht jeder die richtige Größe – es gibt Gartenhandschuhe für Kinder und Erwachsene in verschiedenen Größen. Gute Gartenhandschuhe liegen eng an und sind mit einer Gummischicht überzogen. Der Vorteil: Man hat einen guten Griff und die Hände bleiben trocken!

Die Gartenwerkzeuge

Grundsätzlich gilt: Gutes Werkzeug, am besten aus dem Gartenfachhandel oder einem gut sortierten Baumarkt mit einer Gartenabteilung, hat sich bewährt. Einige Hersteller bieten Gartengeräte im Stecksystem an. Der Vorteil: Bei leichteren Geräten, für die man einen Stiel benötigt, z. B. Rechen, Besen und Hacke, können Stiel und Gerät separat gekauft werden. Das spart nicht nur Geld, sondern auch Platz! Dazu kommt ein weiterer Vorteil: Es brauchen nur einzelne Aufsätze gekauft werden, wenn neue Geräte benötigt werden.

Welche Gartengeräte benötigt man wozu?

Zunächst eine Übersicht größerer Handwerksgeräte: Egal, wie groß oder klein ein Garten ist, man braucht immer eine **Hacke** und eine **Schaufel** sowie einen **Spaten**. Wer einen Rasen hat und das Gras kurz halten will, braucht ferner einen **Rasenmäher**.

Eine **Hacke** benötigt man, wenn es darum geht, größere Pflanzen einzusetzen bzw. im Garten umzupflanzen. Mit der Hacke wird die Erde gelockert und anschließend mit dem **Spaten** ausgehoben. Ist die Erde eher sandig und locker, kann sie direkt mit der Schaufel ausgehoben werden. Damit wird auch die Erde eingefüllt. Einen Spaten benutzt man außerdem zum Umgraben eines Beetes. Mit der Hacke wird die Erde oberflächlich gelockert; auf diese Weise können sich keine unerwünschten Pflanzen ansiedeln. Wer regelmäßig zwischen den Pflanzen hackt, hat einen weiteren Vorteil: Die Erde trocknet nicht so schnell aus und es muss weniger gegossen werden.

TIPP

Kindersicher aufbewahren

Die oben genannten „Großgeräte" wie Hacke oder Rasenmäher sind für Kinder unter zehn Jahren in der Regel nicht geeignet. Sie sind zu schwer und häufig auch spitz und scharfkantig. Diese Geräte müssen kindersicher aufbewahrt werden, etwa in einem abschließbaren Gartenschrank.

Wer laubtragende Büsche und Bäume im Garten hat, sollte im Herbst mit einem **Laubrechen** das abgefallene Laub als Mulch unter die Büsche und Bäume kehren. Die Vorteile sind vielfältig: Die Blumenzwiebeln, die am Gebüschrand stehen, sind durch die Mulchschicht vor Frost geschützt. Ferner können sich nicht so viele unerwünschte Pflanzen – „Unkraut" – an dieser Stelle ansiedeln. Die Mulchschicht verrottet und sorgt für frische Nährstoffe. Außerdem trocknet der Boden nicht aus, es werden Kleinstlebewesen angezogen, die den Boden lockern.

TIPP

Für kleine Gärtner

Für Kinder unter drei Jahren bieten renommierte Hersteller von Gartengeräten spezielle Gartenwerkzeuge für Kinder an. Diese Gartenwerkzeuge sind – anders als die regulären „Erwachsenen-Werkzeuge" – aus Kunststoff. Optisch gibt es, bis auf die Größe, jedoch keinen Unterschied.

Zum Gießen genügt eine **Gießkanne**. Es gibt sie in verschiedenen Größen und Materialien, aus Kunststoff und aus Metall. Metallgießkannen sind stabil, aber sehr viel schwerer als Kunststoffkannen. Gartenhäuschenbesitzer können das Wasser vom Dach des Häuschens in einer Regentonne sammeln und haben dann in der Regel immer gut temperiertes Wasser zur Verfügung – und das sogar noch kostenlos! Wer möchte, kann auch mit einem **Schlauch und einem Gießaufsatz** seine Pflanzen wässern. Doch das hat einen Nachteil: Das Wasser, das aus der Wasserleitung kommt, kann nicht vortemperiert werden.

Dazu kommen Kleingeräte für den Garten:
Jeder Gärtner braucht eine **Gartenschere**. Geeignet sind Markengeräte, die gut in der Hand liegen und eine Sperrsicherung haben. Gartenscheren müssen immer kindersicher verwahrt werden.
Handschaufel, Handhacke und **Handrechen** sind wichtige Utensilien für alle, die mit einem Hochbeet oder mit Pflanztrögen bzw. Pflanzkästen gärtnern.
Nicht zu vergessen: eine **kleine Gießkanne!**
Ideal ist auch eine **Handbürste**, mit der Blumentöpfe und andere Gartenutensilien gereinigt werden können.

Gärtnern als Erlebnis für Kinder

Auch wenn Erwachsene Wert auf einen „schönen" Balkonkasten legen oder möglichst viele Früchte bzw. Gemüse ernten möchten – beim Gärtnern mit Kindern kommt es nicht immer auf das Ergebnis an. Wichtig ist, dass Kinder den Garten als Erlebnis- und Erfahrungsraum wahrnehmen.

Für Kinder ist es spannend, wenn sie beim Gärtnern auf Würmer und Schnecken stoßen. Viele Kinder haben Spaß daran, leere Schneckenhäuser und Steine zu sammeln. Andere staunen darüber, wie schnell sich aus einer Erdbeerblüte eine Frucht entwickelt. Und es gibt Kinder, die, anstatt zu ernten und die Früchte in einer Schüssel zu sammeln, erst einmal selbst ausgiebig naschen ...

Wenn Kinder sich aktiv an der Gartenarbeit beteiligen (wollen), dann ist es Aufgabe der Erwachsenen, für das entsprechende Umfeld und die richtigen Aufgaben zu sorgen.

TIPP

Gemeinsam gärtnern

Kinder gärtnern gern zusammen mit anderen Kindern. Häufig hantieren mehrere Kinder gleichzeitig mit verschiedenen Gartengeräten. Oder es kommt vor, dass alle Kinder ein und dieselbe Arbeit ausführen wollen und dann nicht genügend Gartengeräte vorhanden sind. Wenn es darüber zum Streit kommt, können sich Kinder besonders leicht verletzen. Daher sollten sich immer alle einig sein, wer welche Aufgabe übernimmt, und dafür sorgen, dass die Gartengeräte abwechselnd benutzt werden!

Alter der Kinder	Gartenarbeit für Kinder	Gerät/Material
Bis 3 Jahre	gießen	Kunststoffgießkanne
	Sand und Kies als Dränage einfüllen	Kinder-Handschaufel
	Erde in Pflanztopf schaufeln	Kinder-Handschaufel
3 bis 6 Jahre	Pflanzen aussäen	Saatband für kleine Samenkörner
		lose kleine Samenkörner in Quelltöpfchen
	Früchte ernten bzw. vom Boden aufsammeln	Kunststoffschale oder -eimer
Ab 6 Jahren	Stecklinge schneiden	Gartenschere (unter Aufsicht von Erwachsenen)
	Laub zusammenrechen	Laubrechen
	Erde lockern	Handhacke oder große Hacke – je nach Art des Beetes

Sicherheit beim Gärtnern mit Kindern

Gärtnern kann immer gewisse Gefahren bergen – auch wenn man keine giftigen Pflanzen berührt, in den Mund nimmt oder mit spitzen bzw. scharfen Gartengeräten hantiert. Schon der Kontakt mit scheinbar völlig harmlosen Pflanzen – z. B. einem Grashalm – kann zu kleinen Verletzungen führen. Manche Blätter sind nämlich überraschend scharfkantig. Und selbst kleine Verletzungen führen dazu, dass Keime in den Körper gelangen. Um sich vor dem gefürchteten Wundstarrkrampf zu schützen, hilft eine einfache Tetanus-Impfung. Impfschutz ist wichtig!

Folgende Arbeiten sind für Kinder aus Sicherheitsgründen nicht geeignet:

- Rasen mähen
- Bäume zuschneiden
- umgraben

Ungiftige Gartenpflanzen

Wenn Sie ganz auf Nummer sicher gehen wollen, dann wählen Sie am besten nur solche Pflanzen, die ungiftig sind. Hier eine Auswahl:

Bäume

Ahorn	Birke	Zierpflaume
Apfelbaum	Zierkirsche	Zierquitte

Büsche

Alpenjohannisbeere	Rotdorn (auf Dornen achtgeben)
Deutzie	Sanddorn (auf Dornen achtgeben)
Falscher Jasmin	Schlehe (auf Dornen achtgeben)
Feuerdorn (auf Dornen achtgeben)	
Flieder	Spirea
Hundsrose (auf Dornen achtgeben)	Wacholder
Hartriegel-Arten	Weißdorn (auf Dornen achtgeben)
Kornelkirsche	

Blumen/Stauden

Bartnelke	Ringelblume
Fuchsie	Stiefmütterchen
Geranie/Pelargonie	Stockrose
Kapuzinerkresse	Tagetes
Margerite	Tulpe
Phlox	Veilchen
Sonnenblume	Vergissmeinnicht

Kräuter/Früchte/Gemüse/Salat

Erdbeere	Oregano	Rosmarin
Kresse	Pfefferminze	Schnittlauch
Melisse	Pflücksalat	Zierkohl

Kletterpflanzen

Clematis	Knöterich	Wilder Wein

Giftige Gartenpflanzen

In vielen Gärten wachsen Pflanzen, die giftig sind. Es kann leicht passieren, dass ein Kind, wenn es bei anderen Kindern zu Gast ist, mit giftigen Pflanzen in Kontakt kommt. Daher ist es wichtig, diese Pflanzen zu kennen.

Hier einige Giftpflanzen, die in unseren Gärten recht häufig anzutreffen sind:

Blauregen
Bohnen (roh)
Christrose
Efeu
Eibe/Taxus (rote Früchte)
Eisenhut
Engelstrompete
Fingerhut
Herbstzeitlose
Immergrün
Kartoffel (Blätter und Stiel)
Kirschlorbeer (rote Früchte)
Kriechmispel

Krokus
Liguster
Lupine
Maiglöckchen
Narzisse
Oleander
Pfaffenhütchen
Rittersporn
Schneebeere
Seidelbast
Thuja
Wiesen-Bärenklau

Sicherheitstipps beim Gärtnern für Kinder
- Es darf im Garten nichts ohne Erlaubnis gegessen werden!
- Kinder sollten giftige Pflanzen und ihre Gefahren kennen.
- Kinder dürfen stets nur in Absprache mit Erwachsenen mit Gartengeräten hantieren.
- Kinder dürfen nur mit Erwachsenen in der Nähe am Teich bzw. Wassergarten spielen.
- „Überraschungsarbeiten", wie z. B. Rasenmähen oder Ernten von Früchten an Bäumen mithilfe einer Leiter oder einer anderen Kletterhilfe, sind absolut verboten!
- Nach dem Gärtnern stets die Hände waschen.
- Immer Gartenhandschuhe und feste Schuhe tragen!

LOS GEHT'S – PRAXISTEIL

Erdbeeren frisch ge Auck

Frische Erdbeere

KRÄUTERGARTEN

ITE

KRÄUTERKASTEN BEPFLANZEN

Material:

- Balkonkasten – am besten ein dunkler Kasten
- Kräutererde
- etwas Sand
- Steine (ø bis 2 cm)
- Kräuter im Topf
- kleine Schaufel
- Gießkanne mit Wasser

Und so geht's:

Schwierigkeitsgrad:

 leicht

Befülle den Kasten gleichmäßig mit den Steinen und verteile Sand darüber. So können das Regen- und das Gießwasser besser abfließen.

Nimm die Kräuter aus dem Topf. Am leichtesten geht es, wenn du den Topf quer hältst und ein wenig drückst – dann lösen sich Erde und Wurzeln leichter vom Topf.

3

Stelle alle Kräuter nebeneinander in den Kasten. Achte dabei darauf, dass die Abstände zwischen den Pflanzen gleich groß sind.

4

Fülle die Lücken zwischen den Pflanzen und dem Kasten mit der Kräutererde auf.

Gieße deinen Kräuterkasten und stelle ihn an einen sonnigen Platz.

5

BRUNNENKRESSE AUSSÄEN UND ERNTEN

Material:

- Tüte Kressesamen
- Untersetzer
- Küchenkrepp
- Gießkanne mit Wasser
- Schere

Schwierigkeits-grad:

 leicht

Und so geht's:

1 Löse zwei Blatt Küchenkrepp von der Rolle, falte sie zusammen und lege sie in den Untersetzer. Wichtig ist, dass eine dicke saugfähige Schicht entsteht.

2 Säe den Kressesamen dicht auf dem Krepp aus.

Verteile die Samen mit den Fingern, sodass die einzelnen Samenkörner dicht nebeneinanderliegen.

Gieße die Samen. Fülle so viel Wasser ein, bis sich das Krepppapier vollgesogen hat, und stelle die Schale an einen hellen, aber schattigen Ort.

Nur ein paar Stunden später ist der Samen aufgequollen. Sobald die Kresse gekeimt hat, musst du wieder gießen! Kontrolliere die Kresseschale jeden Tag und fülle Wasser nach. Gieße überschüssiges Wasser, das die Pflanzen innerhalb weniger Minuten nicht aufsaugen, vorsichtig wieder ab.

Nach etwa einer Woche sind die Keimlinge zu kleinen Kressepflanzen herangewachsen. Dann ist Erntezeit! Mit einer Schere schneidest du die Kresseblättchen zusammen mit einem Stück des Stiels ab.

Streiche ein wenig Butter oder Margarine auf ein Toastbrot und bestreue es mit der Kresse. Schmeckt lecker!

OSTERNEST MIT KRESSE

Zu Ostern kannst du mit Kresse ein kleines Osternest gestalten! Einfach Kresse in einem breiten Streifen am Rand einer runden Schale aussäen, gießen und ein paar Tage abwarten. Wenn die Brunnenkresse herangewachsen ist, kannst du zum Verschenken ein paar kleine Schokoladeneier in die Mitte legen – fertig ist das Osternest!

KRÄUTER TROCKNEN

Material:

- Kräuter, die sich zum Trocknen eignen (z. B. Rosmarin)
- Schere
- Schneidebrett
- Schnur oder fester Bindfaden
- Papiertüte
- Glas mit Deckel

Schwierigkeits-grad:

 leicht

Und so geht's:

Schneide mit der Schere einige Zweige von den Kräutern ab. Forme aus den Zweigen einen kleinen Strauß und binde ihn mit der Schnur zusammen.

1

2

Gib den Strauß in eine Papiertüte. Dort sind die Kräuter vor Schmutz und Staub geschützt und trotzdem an der frischen Luft. Binde die Kräutertüte oben mit einer Schnur oder einem festen Bindfaden zu, sodass weder Staub noch Schmutz hineingelangen können, und bilde eine längere Schlaufe zum Aufhängen.

3

Hänge die Tüte an einen luftigen Platz zum Trocknen auf. Ideal ist ein Platz im Haus oder in der Wohnung, wo es trocken, kühl und luftig ist. Bis die Kräuter trocken sind, dauert es etwa zwei bis drei Wochen.

Nimm die Kräuter vorsichtig aus der Tüte und prüfe, ob sie tatsächlich trocken sind. Trockene Kräuter lassen sich nicht mehr verbiegen, sie brechen. Dann sind sie reif für die Aufbewahrung! Schneide die Kräuter mit einer Schere in kleine Stücke und gib die Stücke in ein Glas.

4

5

Verschließe das Glas luftdicht. So kann keine Feuchtigkeit an die Kräuter kommen und sie sind lange haltbar.

KRÄUTERÖL

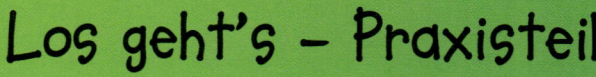

Material:

- 1 Flasche Speiseöl (am besten Oliven- oder Sonnenblumenöl)
- 1 leere Flasche mit einem Ausgießeinsatz
- Trichter
- Kräuter und Gewürze nach Wahl, z. B. Rosmarin, Lorbeerblätter, bunte Pfefferkörner sowie nach Belieben auch Knoblauch
- Schere, Messer und Schneidebrett

Schwierigkeitsgrad:

 leicht

Und so geht's:

Fülle die Kräuter in die Flasche ein. Stecke dabei nach und nach die Zweige hinein.

Schneide mit der Schere oder einem Küchenmesser Zweige von den Kräutern ab. Achte darauf, dass das Grün frisch und sauber ist – es dürfen sich keine Tiere, z. B. Schnecken oder Insekten, darauf befinden.

Füge dann die Gewürze hinzu. Das geht am einfachsten, wenn du hierfür den Trichter verwendest.

So sieht die Flasche aus, wenn sie mit den Kräutern und Gewürzen gefüllt ist. Alle Zutaten sind locker in der Flasche verteilt.

Setze den Trichter auf den Flaschenhals und fülle die Flasche mit frischem Speiseöl auf. Achte darauf, dass das Öl alle Zutaten komplett bedeckt. Am besten füllst du die Flasche bis obenhin auf und verschließt sie dicht. Stelle die Kräuteröl-Flasche an einen dunklen Ort. Jetzt musst du nur noch einige Tage warten, dann hat das Öl das Aroma deiner Kräutermischung angenommen und kann in der Küche verwendet werden!

LAVENDELSÄCK-CHEN BASTELN

Material:

- Lavendel aus dem Garten
- Bast oder dünne Schnur zum Zusammenbinden
- kleine Schale
- Gazesäckchen
- Blatt Papier
- Schere

Schwierigkeits-grad:

 leicht

Und so geht's:

1

Schneide mit der Schere Blüten vom Lavendel-strauch ab. Achte darauf, dass die Stängel möglichst lang sind – so kannst du sie anschließend leichter zusammenbinden. Ernte die Blüten, solange sie noch frisch sind und blühen. Dann duften sie am intensivsten!

2

Binde die Blüten zu einem Strauß zu-sammen. Du kannst den Strauß dazu aufhängen oder einfach auf ein Fenster brett legen. Wichtig ist, dass er frisc Luft bekommt. Nach etwa einer Woche sind die Blüten getrocknet.

Lege dir alles, was du für das Lavendel-säckchen brauchst, zurecht: Gazesäckchen, Schere, kleine Schale und ein Blatt Papier.

Schneide die Schnur bzw. den Bast, mit dem der Strauß zusammengebunden ist, auf. Nimm die einzelnen Lavendelrispen und streife die Blüten in die kleine Schüssel ab.

Rolle aus dem Blatt Papier eine Schultüte. Stecke die Tüte in das Säckchen. Fülle nun die abgezupften Blüten aus der Schale in die Papiertüte. Von dort aus rieseln sie in das Säckchen!

Ziehe an den beiden Bändchen des Gazesäck-chens und verschließe es fest. So können die Blüten nicht mehr herausfallen!

ZIERGARTEN

BLUMENKASTEN BEPFLANZEN

Material:

- Balkonkasten
- Blumenerde
- Steine (ø bis 2 cm)
- etwas Sand
- einjährige Blumen, z. B. Löwenmäulchen, Pelargonien (Geranien), Blaues Gänseblümchen, Lobelie (Männertreu)
- kleine Schaufel
- Gießkanne mit Wasser

Und so geht's:

Schwierigkeitsgrad:

leicht

Befülle den Kasten zu einem Drittel gleichmäßig mit Steinen und Sand. So können das Regenwasser und das Gießwasser besser abfließen. Gib eine Schicht Erde auf das Stein-Sand-Gemisch.

Fülle gleichmäßig Erde in die Zwischenräume zwischen den Pflanzen und dem Kasten, und zwar bis etwa zwei Zentimeter unterhalb des Kastenrandes. So wird beim Gießen die Erde nicht herausgeschwemmt.

2 Nimm die Blumenpflanzen aus dem Topf und stelle sie in den Blumenkasten. Achte darauf, dass die Abstände zwischen den Pflanzen etwa gleich groß sind.

3

TIPP

Achtung, Notfall!

Im Sommer, wenn es besonders heiß ist, kann es passieren, dass die Erde im Blumenkasten an einem Tag völlig austrocknet. Die Pflanzen sind dann am Abend welk und schlapp. Wenn du den Kasten gießt, perlt das Wasser an der Erde ab. Jetzt hilft nur noch eines: Bring deinen Blumenkasten in den Schatten und stelle ihn in einen großen Behälter. Fülle den Behälter mit Wasser. Nach einer Weile saugt sich die Erde wieder mit Wasser voll und die Pflanzen erholen sich.

4 Gieße deinen Blumenkasten und stelle ihn an einen sonnigen Platz. Achte darauf, dass die Erde nicht austrocknet, und gieße den Kasten an sonnigen, trockenen Tagen morgens und abends. Kontrolliere die Pflanzen regelmäßig und entferne verblühte und welke Teile.

BLUMEN PRESSEN

Material:

- Blumenpresse
- mehrere saugfähige Papiereinlagen, am besten zusammengefaltet
- mehrere Bögen Pappkarton als Zwischeneinlage
- dicke stabile Unterlage
- Deckel
- 4 Schrauben und 4 Flügelmuttern
- mehrere frische zarte Blumen
- Klebstoff

Und so geht's:

Schwierigkeits-grad:

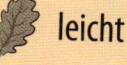 leicht

Pflücke Blumen! Achte darauf, dass die Blüten zart, d. h. nicht zu dick sind, sonst kann man sie nicht so gut pressen.

Führe die langen Schrauben der Blumenpresse von unten ein. Dann kannst du die Blätter mit den Blumen und die Kartoneinlagen leichter stapeln – sie können nicht mehr verrutschen.

3

Lege eines der zusammengefalteten Blätter Papier in die Blumenpresse, öffne es und verteile einige Blumen auf einer Blatthälfte. Bedecke die Blumen mit der anderen Blatthälfte.

Nimm einen Bogen Pappkarton und lege ihn auf das gefaltete Blatt mit den Blüten.

4

5

Jetzt kommt die zweite Schicht! Lege wieder einen der zusammengefalteten Papierbögen in die Blumenpresse, öffne ihn und verteile einige Blumen darauf. Bedecke die Blumen mit der anderen Blatthälfte.

Nimm einen weiteren Bogen Pappkarton und lege ihn auf den gefalteten Bogen mit den Blüten. Wiederhole den Vorgang mehrmals mit den übrigen Blüten, die du gepflückt hast.

6

Lege nun den stabilen Deckel darauf und drehe die vier Flügelmuttern fest. So werden die Blumen fest zusammengepresst.

7

8

Nach etwa einer Woche kannst du die Blumen- presse öffnen. Löse dazu die Flügelmuttern, nimm den Deckel und die Kartonbögen ab.

Öffne nach und nach die gefalteten Bögen mit den gepressten Blumen.

9

10

Löse die Blumen von dem Papier ab. Sei dabei vor- sichtig: Die Pflanzen sind jetzt trocken und sehr empfindlich! Sie können leicht beschädigt werden. Anschließend kannst du die getrockneten und ge- pressten Blumen auf einem Blatt Papier zu einem Blüten-Kunstwerk arrangieren und festkleben.

STEINGARTEN-SCHALE

Material:

- Steingarten-Pflanzen aus dem Gartencenter
- Steine und Kiesel
- Küchenwischtuch
- Erde, vermischt mit Sand
- Schaufel
- Gießkanne mit Wasser
- Schale

Schwierigkeits-grad:

leicht

Und so geht's:

Lege das Küchenwischtuch über das Abzugsloch der Schale. Gib einige Steine als sogenannte Dränage in die Schale: Das bedeutet, das Wasser kann abfließen und staut sich nicht.

Wo soll welche Pflanze wachsen? Verteile die Pflanzen probehalber in der Schale und prüfe, wie die Pflanzen am besten farblich und von der Größe her zueinanderpassen.

Nimm die Pflanzen aus den Töpf- chen, setze sie in die Schale und verteile die Erde-Sand-Mischung um die Pflanzen herum.

3

4

Verteile als oberste Schicht Steine und Kiesel zwischen den Pflanzen und am Rand.

5

Gieße die Schale vorsichtig. Steingarten- Pflanzen sind sehr pflegeleicht; sie brau- chen nur wenig Wasser und gedeihen auf magerer Erde an einem sonnigen Ort.

TIPP

Steingarten anlegen

Einen Steingarten kannst du auch in deinem Garten anlegen. Wenn du z. B. in einem neu gebauten Haus wohnst, fallen rund um das Haus oft sehr viel Schutt und Steine an. Du musst sie nicht wegräumen. Bepflanze die Flächen, die viel Son- nenlicht abbekommen, einfach mit Steingarten-Pflanzen!

AKELEISAMEN ERNTEN UND AUFBEWAHREN

Material:

- Schere
- Akeleipflanze im Garten
- Küchenkrepp
- Zeitung als Unterlage
- Packpapier oder anderes Papier
- Stift zum Beschriften
- transparentes Klebeband

Schwierigkeits-grad:  leicht

Und so geht's:

Schneide mit der Schere Zweige mit Akelei–samen ab. Achte darauf, dass du die Zweige immer nach oben hältst, sonst rieseln die Samen aus den Samenkapseln!

1

2 Breite das Küchenkrepp auf der Zeitungsunterlage aus und halte die Zweige mit den Akeleisamen über das Küchenkrepp. Schüttle vorsichtig und lasse die Samen auf das Küchen–krepp herausrieseln. Auf dem Küchenkrepp könne die Samen trocknen, falls sie feucht sind.

Bastle aus dem Packpapier eine Tüte: Schneide ein langes rechteckiges Stück Papier aus, falte es in der Mitte und knicke zwei der offenen Randstücke etwa einen Zentimeter breit um. Klebe die umgeknickten Streifen mit transparentem Klebeband ab – so ist die Tüte dicht und es können keine Samen herausfallen!

Schreibe den Namen der Pflanze auf die Samentüte. Wenn du magst, kannst du die Tüte mit einer Zeichnung verzieren.

Lege das Küchenkrepp mit den Samen vorsichtig zusammen, sodass sich die Samen in der Mitte sammeln. Schneide überschüssiges Krepppapier an den Rändern ab.

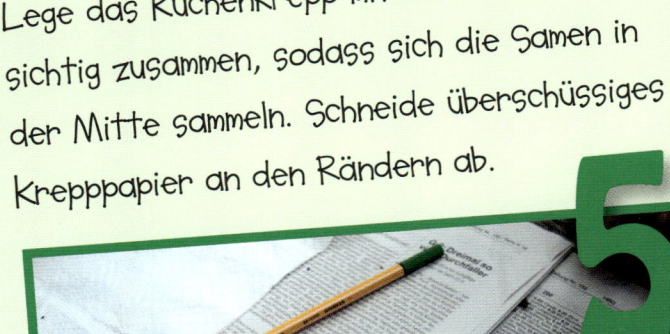

Forme aus dem schmalen Krepppapier mit den Samen eine Rinne und fülle die Samen in die Tüte. Knicke die Öffnung etwa einen Zentimeter breit um und klebe sie mit Klebeband ab. So ist die Tüte dicht verschlossen! Bewahre die Samentüte an einem trockenen und kühlen Ort auf. Dann kannst du sie im nächsten Frühjahr aussäen.

BLUMENZWIEBELN PFLANZEN

Material:

- Blumenzwiebeln, z. B. Tulpen, und Blumenzwiebelmischung mit kleineren Zwiebeln, z. B. Krokus, Blausternchen, Traubenhyazinthen u. v. a.
- Spaten und Schaufel zum Ausheben eines Beetes
- Kompost- oder Blumenerde
- kleine Schaufel
- Gießkanne mit Wasser

Schwierigkeits- grad:

 mittel

Und so geht's:

Grabe mit der Schaufel ein etwa 15 Zentimeter tiefes Loch. Lasse dir dabei helfen, wenn der Boden sehr fest ist oder wenn du ein neues Blumenbeet anlegen möchtest. Fülle als unterste Schicht etwa zwei Zentimeter hoch Kompost- oder Blumenerde ein.

Verteile die größeren Blumenzwiebeln auf der Kompostschicht. Achte darauf, dass die Spitze nach oben ragt – hier treibt die Blume im Frühjahr aus! Achte auf den richtigen Abstand zwischen den Zwiebeln; etwa zehn Zentimeter sind ideal.

Bedecke die Blumenzwiebeln mit drei Zentimetern Komposterde.

Verteile nun die Blumenzwiebelmischung mit den kleineren Zwiebeln auf dem Kompost. Achte auch hier wieder darauf, dass die Triebspitzen der Zwiebeln nach oben zeigen. Kleine Zwiebeln benötigen weniger Platz als große. Du kannst sie also enger nebeneinander platzieren.

Gib nun eine weitere Schicht Kompost über die Blumenzwiebeln. Wichtig ist, dass die Blumenzwiebeln gut bedeckt sind. Je größer die Zwiebeln, desto tiefer müssen sie in der Erde verborgen sein, sonst erfrieren sie im Winter.

Jetzt heißt es gießen, damit die Zwiebeln noch im Herbst Wurzeln treiben können!

TIPP

Der richtige Standort

Am besten setzt du Blumenzwiebeln in einem Beet für Frühjahrsblumen oder am Rand eines Gebüsches. Wichtig ist dabei, dass du die Fläche, wo du die Zwiebeln gepflanzt hast, später nicht mehr betrittst. Das schadet den Zwiebeln, sodass sie nicht mehr austreiben und Blüten bilden können.

SONNENBLUMEN AUSSÄEN

Material:

- Tüte Sonnenblumensamen
- Mini-Gewächshaus
- Kokos-Quelltabletten
- Topf mit Erde
- Schaufel
- Gießkanne mit Wasser
- Bast
- Bambus-Stöckchen

Und so geht's:

Schwierigkeits-grad:

🍃🍃 mittel

1 Verteile die Quelltabletten im Mini-Gewächshaus.

2 Nimm einige Samenkörner aus der Samentüte und stecke je ein Samenkorn in die Vertiefungen in der Mitte der Kokos-Quelltabletten.

3

Fülle Wasser in das Gewächshaus. Am besten lässt du das Wasser zwischen die Quelltabletten oder an den Rand des Gewächshauses rinnen.

Die Quelltabletten saugen sich mit Wasser voll und quellen auf. Das Samenkorn sinkt dabei ein wenig in die Quelltablette ein.

4

5

Decke das Gewächshaus mit dem transparenten Deckel ab und stelle es an einen hellen, aber vor direkter Sonneneinstrahlung geschützten Ort. Öffne das Gewächshaus regelmäßig, damit frische Luft an die Pflanzen kommt und der Kokos nicht schimmelt. Gieße die Tabletten regelmäßig.

6 Nach etwa einer Woche keimen die Sonnenblumen.

Wenn die jungen Sonnenblumenpflänzchen mehrere Zentimeter hoch sind, pflanzt du sie in einen Topf mit Blumenerde um.

7

Stecke den Bambusstab vorsichtig neben die kleine Sonnenblume in den Topf und binde sie mit einem Stück Bast fest. Achte darauf, dass der Bast lose sitzt und du die zarte Pflanze nicht beschädigst.

8

9

Gieße die Sonnenblume und stel-le den Topf an einen sonnigen, windgeschützten Ort.

MINI-TEICH ANLEGEN

Material:

- großes halbiertes Fass bzw. großer Bottich
- Teichfolie
- mehrere Wasserpflanzen, entsprechend der Wassertiefe im Fass/Bottich
- Pflanzkörbe
- Jutegewebe
- Kiesel
- Pflanzerde für Wasserpflanzen
- etwa 6 Pflastersteine zum Unterlegen
- Schaufel, Tacker, Eimer, ggf. auch Wasserwaage

Schwierigkeits-grad:

 schwer

Und so geht's:

Wähle für deinen Wassergarten eine halb-schattige, ebene Stelle in deinem Garten. Stelle den Bottich mit der Hilfe eines Erwachsenen dort auf und lege die Pflastersteine darunter. So kommt der Bottich nicht direkt mit der Erde in Berührung und ist besser vor dem Verrotten geschützt. Achte darauf, dass der Bottich waagerecht steht. Das kannst du mit einer Wasserwaage überprüfen.

2 Lege den Bottich mit Teichfolie aus.

3 Schneide die überstehende Teich-folie entlang des Bottichrands ab.

Lege große Steine innen an den Rand des Bottichs, um die Teichfolie zu beschweren.

5

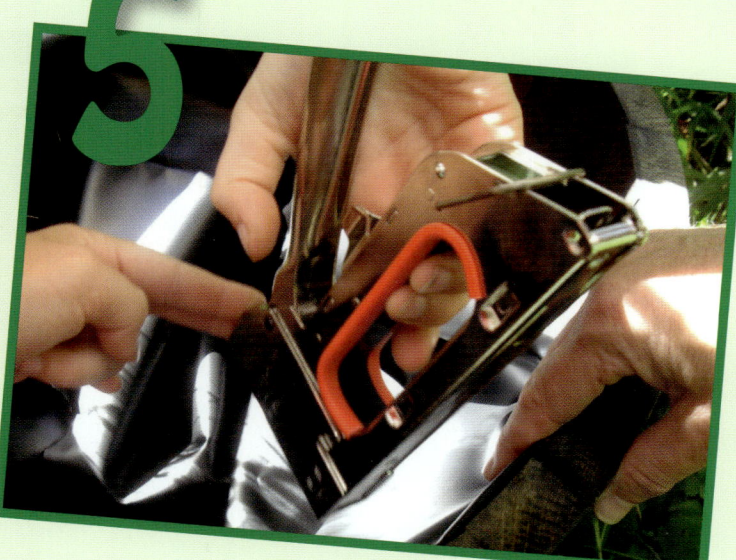

Bitte einen Erwachsenen, die Teichfolie mit einem Tacker am inneren Rand des Bottichs zu befestigen.

Lege die Pflanzkörbe mit dem Jutegewebe aus.

Nimm nach und nach die Wasserpflanzen aus ihren Behältern, stelle sie in die Pflanzkörbe und gib Wasserpflanzenerde dazu.

Bedecke die Erdschicht der Wasser- pflanzen mit dem Jutegewebe.

Beschwere die Pflanzkörbe mit großen Kieselsteinen. Auf diese Weise ver- hinderst du, dass die Erde aus dem Pflanzkorb geschwemmt wird.

10 Verteile die Pflanz—körbe im Bottich.

11 Verteile die übrigen Steine bzw. Kiesel am Boden des Bottichs.

12 Fülle vorsichtig Wasser in den bepflanzten Bottich ein. Achte darauf, dass der Wasserstrahl beim Einfüllen nicht auf einen Pflanzkorb trifft! Fülle das Wasser bis einige Millimeter unterhalb des Bottichrandes auf.

NUTZGARTEN

STECKLINGE VON ROTEN JOHANNISBEEREN

Material:

- Johannisbeerstrauch
- Handbohrer
- leere Milchtüten (Tetrapak)
- Bastelmesser
- Kiesel
- Blumenerde
- kleine Schaufel
- Gießkanne mit Wasser
- Gartenschere

Und so geht's:

Schwierigkeits-grad:

leicht

1 Schneide mit der Gartenschere Zweige vom Johannisbeerstrauch ab.

2 Ernte die Beeren – am besten, du löst die Rispen im Ganzen von dem Zweig.

Los geht's – Praxisteil

3

Bohre mithilfe des Handbohrers Abzugslöcher in die Milchpackung. Nur so kann später das Gieß- bzw. das Regenwasser ablaufen!

Schneide mit dem Bastelmesser den oberen Teil der Milchtüte ringsum ab.

4

5

Fülle eine Handvoll kleiner Kiesel als Dränage (s. S. 38) ein. So verhinderst du, dass die untere Spitze des Steck-lings im Stauwasser steht!

6

Gib mit der Schaufel frische Erde in die Behälter. Fülle die Behälter bis obenhin mit Erde auf.

7

Zupfe die Blätter von der unteren Hälfte des Stecklings ab. Stecke den Steckling so weit wie möglich in die Milchtüte. Je tiefer du ihn einsetzt, umso mehr Wurzeln kann er entlang des Teils, der in der Erde steckt, bilden!

8

Gieße die Stecklinge und stelle sie anschließend an einen sonnengeschützten Ort. Achte darauf, dass die Stecklinge nicht austrocknen! Nun können sie wachsen und gedeihen.

TIPP

So gedeihen die Stecklinge

Es kann passieren, dass die Blätter der Stecklinge schlapp werden, anschließend vertrocknen und abfallen. Doch nicht aufgeben: Die Stecklinge selbst sind nicht vertrocknet! Wer möchte, kann die Stecklinge von Johannisbeeren auch in einem Wasserglas ziehen. Für die Stecklingsvermehrung eignen sich nicht nur Johannisbeeren. Du kannst auch Stachelbeersträucher auf diese Weise „züchten".

ERDBEERTURM BAUEN

Material:

- 3 unterschiedlich große Tontöpfe mit Abzugsloch
- mehrere Erdbeerpflanzen, am besten Walderdbeeren
- Blumenerde
- Bambusstab
- kleine Schaufel
- Gießkanne mit Wasser

Schwierigkeits-grad:

 mittel

Und so geht's:

Fülle den größten Tontopf zur Hälfte mit Erde. Setze dann den mittleren Topf in die Mitte des größeren Topfes – achte auf gleichmäßige Abstände an allen Seiten! Fülle nun den unteren großen Topf bis etwa zwei Zentimeter zum Rand mit Erde auf. Der obere Topf wird ebenfalls mit Erde befüllt, und zwar etwa bis zur Hälfte.

Stecke den Bambusstab von oben durch die Abzugslöcher der beiden Töpfe und setze anschließend den dritten Tontopf auf die beiden anderen Töpfe. Gib Erde in alle Töpfe.

2

Bepflanze jede Etage des Erdbeerturms mit Erdbeerpflanzen, und zwar am besten so, dass die Pflanzen versetzt zueinander stehen. So wird der Platz für die Pflanzen am besten genutzt.

3

4

Jetzt brauchst du deinen Erdbeerturm nur noch zu gießen und in die Sonne zu stellen. Bald kannst du regelmäßig frische Erdbeeren ernten!

TIPP

Erdbeeren gegen Schnecken schützen

Erdbeeren gehören zu den Lieblingsspeisen der Schnecken, v. a. der gefräßigen Nacktschnecken. Schnecken brauchen Feuchtigkeit; tagsüber verstecken sie sich im Schatten unter Blättern und in Ritzen. Wähle für deinen Erdbeerturm einen trockenen, sonnigen Platz. Was tun, wenn es regnet? Bitte einen Erwachsenen, deinen Erdbeerturm mit einer Sackkarre an eine trockene Stelle, z. B. unter den Balkon, zu transportieren. Zusätzlich kannst du, um Schnecken fernzuhalten, Holzwolle oder Sägespäne rund um den Turm verteilen.

KARTOFFELKÜBEL

Material:

- angetriebene Kartoffeln
- großer Topf
- etwas Sand
- Komposterde
- kleine Schaufel
- Gießkanne mit Wasser

Schwierigkeits-grad:

 mittel

Und so geht's:

1

Lasse die Kartoffeln antreiben. Bei mehreren Kartoffeln ist die Wahrscheinlichkeit höher, dass eine geeignete dabei ist. Es reicht, wenn die Triebe etwa einen Zentimeter lang sind. Wähle eine kräftige, gesunde Kartoffel ohne Schnittwunden oder andere schadhafte Stellen aus.

Lege nun eine Kartoffel auf das Erde-Sand-Gemisch. Achte darauf, dass die Triebe nach oben zeigen.

2 Decke das Abflussloch im Topf ab. Du kannst dazu einen flachen Stein, eine Tonscherbe oder ein wasserdurchlässiges Vlies verwenden. Fülle eine Schicht Sand als Dränage (s. S. 38) in den Topf. Gib anschließend ein Gemisch aus Komposterde und Sand darauf.

Bedecke die Kartoffel mit einer dünnen Schicht des Erde-Sand-Gemisches. Vorsicht beim Einfüllen: Die Triebe können leicht abbrechen!

Gieße die Kartoffel und stelle den Topf an einen warmen, sonnigen Ort. Nach einigen Wochen kommen die ersten Triebe zum Vorschein. Warte, bis die Triebe etwa zehn Zentimeter hoch gewachsen sind. Dann kannst du Erde nachfüllen!

7

Die Kartoffeln haben ausgetrieben und sind hoch aufgeschossen. Fülle regelmäßig Erde nach, sodass der Topf nach und nach bis obenhin voll wird!

6

Kartoffelernte! Im Allgemeinen sind die Kartoffeln reif, wenn das Kraut abstirbt. Am einfachsten erntest du Kartoffeln im Kübel, wenn du den Kübel einfach umkippst. Doch Vorsicht – der Topf ist schwer! Jetzt heißt es in der Erde suchen... und schon kommen einige Kartoffeln zum Vorschein!

TIPP

Kartoffeln im Sack anbauen

Eine besonders flexible und preiswerte Alternative für den (mobilen) Kartoffelanbau auf dem Balkon oder der Terrasse sind luft- und wasserdurchlässige Reissäcke. Du bekommst sie meist umsonst in Asia-Läden. Der Vorteil: Die Säcke sind leicht und platzsparend. Du kannst die Größe des Behälters der Pflanze anpassen. Kremple anfangs die Ränder nach unten. So kommt am meisten Licht an die Pflanze. Später, wenn du Erde nachfüllst, krempelst du die Ränder nach und nach immer weiter hoch!

GEMÜSE-HOCHBEET IN EINER BÄCKER-KISTE ANLEGEN

Material:

- Bäckerkiste (40 cm hoch)
- 2 luft- und wasserdurchlässige Reissäcke (z. B. aus einem Asia-Laden)
- Gartenerde
- kleine Schaufel
- Hacke
- Gießkanne mit Wasser
- mehrere Salatpflanzen
- Kräuter (z. B. Schnittlauch)
- Schere

Schwierigkeits-grad:

 mittel

Und so geht's:

1

Lasse dir die Reissäcke von einem Erwachsenen auf die richtige Größe zuschneiden und lege die Bäckerkiste damit aus. Achte dabei darauf, dass die Kiste komplett mit dem Gewebe bedeckt ist, sonst wird später beim Gießen Erde durch die Löcher weggeschwemmt. Fülle die Kiste anschließend mit Erde auf, und zwar bis etwa drei Zentimeter unterhalb des Randes.

Nimm den Schnittlauch aus dem Kräutertöpfchen und setze ihn in eine Ecke der Bäckerkiste.

Setze nacheinander die Salatpflanzen ein. Achte auf den richtigen Abstand zwischen den Pflanzen – zehn bis 15 Zentimeter sind notwendig, sonst können die Pflanzen nicht zu ihrer entsprechenden Größe heranwachsen.

Jetzt brauchst du nur noch die bepflanzte Bäckerkiste zu gießen – fertig!

TIPP

Klein und mobil

Bepflanzte Bäckerkisten haben einen großen Vorteil: Du kannst sie immer wieder an einen neuen günstigen Ort mit genügend Sonne und Regen transportieren. Ideal auch für alle, die auf dem Balkon gärtnern!

APFELBAUM PFLANZEN

Material:

- Apfelbaum aus dem Gartencenter (veredelt)
- Kompost
- Hornspäne
- Spaten
- Schaufel
- Pfahl
- Kokosseil
- Hammer
- Gießkanne mit Wasser
- Schere

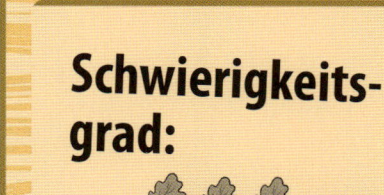

Schwierigkeits-grad:

schwer

Und so geht's:

Bitte einen Erwachsenen, dass er das Pflanzloch ausgräbt. Das Pflanzloch muss ein Stück größer sein als der Ballen des Baumes, sodass man noch Erde zwischen Ballen und Rand des Loches einfüllen kann.

Stelle den Baum zur Probe in das Pflanz-loch. Kontrolliere, ob das Pflanzloch die richtige Größe hat. Achte darauf, dass du auch unten Platz für frische Erde hast.

Fülle unten, auf dem Boden des Pflanzlochs, Hornspäne ein. Gib ein paar Schaufeln älteren Kompost dazu und vermische ihn mit den Hornspänen. Verwende keinen frischen Kompost – er ist zu nährstoffreich. Besser ist älterer, abgelagerter Kompost.

Stelle den Baum noch einmal in das Pflanz-loch. Hast du genügend Erde eingefüllt? Es ist wichtig, dass die Verdickung am Stamm, d.h. die Veredelungsstelle, frei steht.

Fülle das Pflanzloch rundum weiter mit Erde auf. Achte darauf, dass der Baum gerade steht und ihm an allen Seiten etwa gleich viel frische Erde zur Verfügung steht.

Bitte einen Erwachsenen, die Wurzeln um den frisch gepflanzten Baum rundum vorsichtig festzutreten.

Nun bitte einen Erwachsenen, einen Stock als Halterung für den Baumstamm einzuschlagen. Achte darauf, dass der Stock weit genug vom Stamm entfernt eingeschlagen wird – die Wurzeln dürfen nicht beschädigt werden!

8

Binde den Baum mit dem richtigen Abstand an dem Stock fest. Schlinge dazu zuerst das Kokosseil in Form einer Acht mehrmals um den Baum und den Stock. Um den Abstand zu halten, wickelst du das Ende des Stricks mehrmals um den Kreuzungspunkt der Acht.

Schütte rings um die Baumscheibe – das ist der Bereich um den Baumstamm – einen kleinen Wall auf den Gießrand. So kannst du anschließend den Baum gießen und das Gießwasser kann dabei nicht so leicht zur Seite abfließen.

9

10

Gieße mehrere Kannen Wasser auf die Baumscheibe – so kann dein frisch gepflanzter Baum besser anwachsen.

ERDBEER-KONFITÜRE HERSTELLEN

Material:

- 1 kg frische Erdbeeren
- 500 g Gelierzucker 2:1
- Kochtopf
- Waage
- Kochlöffel
- kleines Messer
- großer Trichter aus Metall
- kleiner Schöpflöffel
- Rührgerät mit Passierstab
- mehrere leere Gläser mit Schraubdeckel
- Klebeetiketten

Schwierigkeits-grad:

🍃🍃🍃 schwer

Und so geht's:

Pflücke in deinem Garten Erdbeeren. Wenn dort nicht genügend wachsen, kannst du auch welche auf einem Erd-beerfeld ernten. Lasse dir bei den folgenden Arbeitsschritten von einem Erwachsenen helfen.

2

Wasche die Erdbeeren unter fließendem Wasser und wiege sie anschließend ab. Bei einer Menge von 1 kg Erdbeeren brauchst du 500 g Gelierzucker 2:1. Die Formel 2:1 besagt, dass du die doppelte Menge Früchte im Verhältnis zum Gelierzucker benötigst.

Schneide die gewaschenen Erdbeeren klein und gib sie gleich in den Kochtopf.

3

4

Gib den Gelierzucker zu den Erdbeeren in den Topf. Stelle die Herdplatte auf eine mittlere Temperatur. Vermenge Gelierzucker und Erdbeeren im Topf mit dem Kochlöffel.

5

Nach und nach tritt aus den Erdbeeren Saft aus und vermengt sich mit dem Gelierzucker. Beides zusammen ergibt eine zähflüssige Masse. Rühre immer gut um, damit die Früchte und der Zucker nicht am Topfboden festhaften („anbrennen") können.

6

Lasse die Konfitüre vier Minuten lang sprudelnd kochen. Achte darauf, dass die Masse nicht überkocht, und kontrolliere die Einstellungen der Herdplatte! Nimm den Topf vom Herd, wenn die Masse zu sehr sprudelt, und schalte die Platte auf eine geringere Hitze.

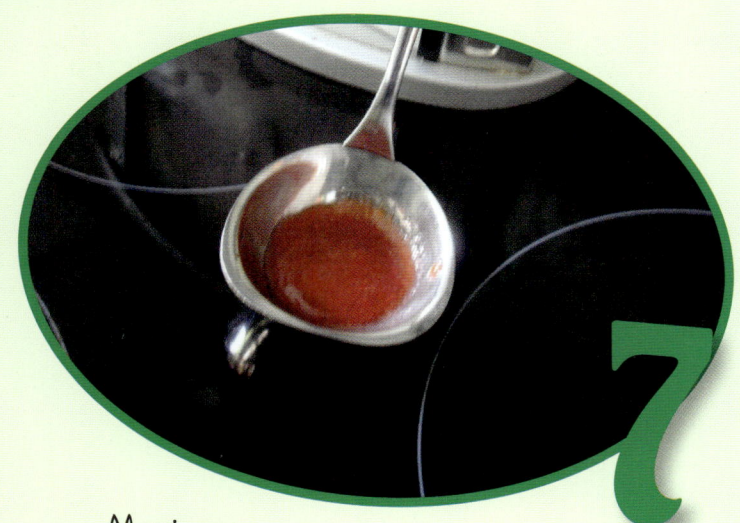

7

Setze den Trichter auf ein geöffnetes Glas und fülle es bis zum Rand mit Konfitüre. Verschließe das Glas mit dem Schraubverschluss und drehe es um.

Mache die Gelierprobe: Nimm ein wenig Masse aus dem Topf und stelle sie für eine Weile kalt. Wenn die Konfitüremasse geliert, d. h. fest wird, kannst du sie abfüllen.

8

9

Beschrifte das Etikett. So weißt du immer sofort, was sich in dem Glas befindet. Klebe das Etikett auf das Glas.

Los geht's – Praxisteil

HOLUNDERSIRUP ZUBEREITEN

Material:

- Waage
- großer Behälter, z. B. Bowleglas
- 1 unbehandelte Zitrone
- 1 kg Zucker
- 25 g Zitronensäure
- 25 g Holunderblüten, frisch geerntet
- großer Kochtopf
- Kochlöffel, Schöpflöffel
- Schneidebrett
- Messer
- Sieb
- Flasche zum Abfüllen
- Trichter
- Wasserkocher

Schwierigkeits-grad:

  schwer

Und so geht's:

Pflücke Holunderblüten! Schüttle die Holunderblüten vorsichtig aus, damit kleine Insekten herausfallen können. Lasse dir bei den folgenden Arbeitsschritten von einem Erwachsenen helfen.

2

Lege die Holunderblüten vorsichtig in das Bowleglas.

Wasche die unbehandelte Zitrone unter fließendem Wasser. Schneide die Zitrone in Scheiben und lege diese in den Behälter mit den Holunderblüten.

3

4

Koche einen Liter Wasser im Wasserkocher. Fülle das heiße Wasser in den Topf und gib Zucker und Zitronensäure dazu. Lasse das Wasser mit dem Zucker aufkochen und warte, bis sich beides völlig gelöst hat. Fülle es in den Behälter mit den Holunderblüten. Achte darauf, dass die Blüten und die Zitronen völlig von der Flüssigkeit bedeckt sind. Lasse die Holunderblüten etwa drei Tage lang ziehen.

5

Lege das Sieb auf den Topf und fülle mit dem Schöpflöffel den Sirup mit den Blüten und den Zitronen in das Sieb. Lasse die Blüten und Zitronen gut abtropfen.

Lasse den Sirup aufkochen und mehrere Minuten lang sprudeln. Setze den Trichter auf die Flasche und fülle den Sirup ab. Verschließe die Flasche dicht und warte, bis der Sirup erkaltet ist. Stelle die Flasche anschließend in den Kühlschrank. Am besten schmeckt der Sirup vermischt mit Sprudelwasser.

6

NATUR- UND ERLEBNISGARTEN

REGENWURM-TERRARIUM

Material:

- großes Glas, am besten Einmachglas (5 l Volumen)
- Komposterde
- etwas Sand
- kompostierbare Materialien, z. B. Rasenschnitt, Kartoffelschalen, vertrocknete Blüten, Bananenstücke und -schalen, Gurkenschalen
- eingeweichtes Papier (z. B. Kaffeefilter)
- Regenwürmer (aus dem Komposthaufen)
- kleine Schaufel oder kleiner Löffel
- Butterbrotpapier
- Haushaltsgummi
- große Schachtel

Schwierigkeits-grad:

 leicht

Und so geht's:

Schaufle ein wenig Sand als unterste Schicht in das Glas.

Gib etwas Erde auf den Sand. Achte darauf, dass Erde und Sand gleichmäßig im Glas verteilt sind.

Gib ein wenig kompostiertes Material, z. B. überreife Bananenstücke und vertrocknete Blüten, dazu.

Fülle das Glas weiter mit Erde auf und lege darüber eine dünne Schicht eingeweichtes Papier (z. B. ein Stück Kaffeefilter) – Würmer lieben feuchtes Papier!

5

Setze nun behutsam die Regenwürmer ins Glas. Vorsicht, Regenwürmer sind empfindlich und mögen es nicht, wenn man sie drückt. Sie leben im Dunkeln. Deshalb verschwinden sie, nachdem du sie in das Terrarium gelegt hast, ganz schnell zwischen den einzelnen Lagen. Schau genau zu!

Regenwürmer lieben es feucht. Fülle ein wenig Wasser in das Terrarium.

6

7

Decke das Terrarium mit Butterbrotpapier ab und fixiere das Papier mit einem Haushaltsgummi. Durch das Butterbrotpapier kommt Luft an den Kompost und er kann mit der Hilfe der Regenwürmer gut verrotten.

8

Stelle das Terrarium in die große Schachtel, verschließe diese und stelle sie an einen kühlen Ort. Nimm das Terrarium alle paar Tage wieder heraus und beobachte die Würmer.

TIPP

So geht's weiter

Mit dem Regenwurm-Terrarium kannst du beobachten, wie organisches Material zu Humus zersetzt wird. Es ist aber kein Kompostbehälter, den du laufend befüllen kannst. Hast du über mehrere Wochen beobachtet, wie aus organischem Material Humus wird? Dann kannst du den Inhalt des Terrariums einfach zurück auf den Kompost geben oder unter einem Busch in deinem Garten verteilen.

UNTERSCHLUPF FÜR OHRWÜRMER

Material:

- Tontopf
- Netz (am besten Zwiebelnetz o. Ä.)
- Stöckchen
- Holzwolle oder Stroh
- feste Schnur
- Schere

Schwierigkeits-grad:

 mittel

Und so geht's:

Schneide etwa einen Meter von der Schnur ab. Fädle die Schnur durch die Randlücken des Netzes. Ziehe die Schnur so weit durch das Netz, bis sich dieses in der Mitte der Schnur befindet und die beiden Schnurenden etwa gleich lang sind. Breite anschließend das Netz flach aus.

Befülle das Netz mit Holzwolle oder Stroh.

Halte das Netz fest und ziehe die Schnur gleichmäßig und vorsichtig an beiden Enden. Das Netz zieht sich zusammen und formt sich zu einem runden Beutel.

Befestige das Stöckchen mit einem festen Knoten an der Öffnung und ziehe die beiden Schnurenden durch das Loch im Tontopf. So ist die Aufhängung stabil.

5

Drücke vorsichtig mit beiden Händen den Holzwollebeutel in den Tontopf. Das Netz verhindert, dass die Füllung herausfällt oder von Vögeln als Nistmaterial verwendet wird.

6

Nimm den Ohrwurm-Unterschlupf und hänge ihn an einen Baum.

7

Achte darauf, dass der Topf den Stamm oder einen Ast berührt – nur dann können die Ohrwürmer in den Unterschlupf gelangen!

TIPP

Kleine Helfer im Garten

Ohrwürmer zählen zu den Nützlingen. Sie fressen Blattläuse, Spinnmilben und Insekteneier. Wenn eine deiner Pflanzen von Blattläusen befallen ist, hilft es oft schon, wenn du ein paar Ohrwürmer auf die Pflanze gibst. Noch besser ist es, wenn du einen bewohnten Ohrwurmtopf in oder neben die befallene Pflanze hängst.

VOGELSCHEUCHE BASTELN

Material:

- langer Holzpfahl
- Bambusstab
- Holzwolle oder Stroh als Füllmaterial
- Schere
- Schnur
- 2 T-Shirts, eines davon mit einem auffälligen Aufdruck
- Rock mit einem langen Reißverschluss oder Wickelrock
- Stofftasche
- Hut

Und so geht's:

Schwierigkeits-grad:

mittel

Stecke die Tasche durch das Loch im Taschenboden über den Pfahl.

1

Bitte einen Erwachsenen, dass er den Holzpfahl in die Erde schlägt. Streife den Rock über den Holz-pfahl. Schneide in den Taschenboden in der Mitte ein Loch mit etwa drei Zentimetern Durchmesser.

2

Los geht's – Praxisteil

Binde den Bambusstock am Pfahl fest, sodass der Holzpfahl und der Bambusstock ein Kreuz ergeben. Schlinge dazu die Schnur mehrmals kreuzweise um den Holzpfahl und den Bambusstock. Verknote die beiden Enden der Schnur fest miteinander.

Nimm die Tasche und streife die Henkel links und rechts über den Bambusstab. Fülle die Tasche prallvoll mit Holzwolle bzw. Stroh. Jetzt hast du die Füllung für den Rock! Nimm nun den Rock und ziehe ihn über die prall gefüllte Tasche.

Ziehe eines der beiden T-Shirts über den Pfahl und fädle die Armlöcher links und rechts in den Bambusstab. Um den linken Arm aufzufädeln, musst du den Bambusstab nach rechts ziehen – so wird er links kürzer und du kannst ihn in den Ärmel hineinschieben. Für den rechten Ärmel ziehst du den Bambusstab nach links und fädelst den Ärmel auf. Schiebe den Stab dann in die Mitte. Binde eine Schnur unten um den Bauch der Vogelscheuche und fülle dann von oben, über die Halsöffnung, Holzwolle bzw. Stroh ein. Gib so viel Füllmaterial in den Oberkörper, bis er dick und rund ist. Stopfe zuletzt Füllmaterial in die Ärmel.

6

Nimm das zweite T-Shirt, das du für den Kopf benutzt, und binde es mit einer Schnur unterhalb der Ärmel ab.

Stopfe so viel Holzwolle in das Kopf-T-Shirt, bis es prall gefüllt ist.

7

8

Stecke den Kopf auf den Pfahl und binde ihn unten am Pfahl fest.

9

Setze der Vogelscheuche den Hut auf.

Material:

- stabile Obstkiste (etwa 30 cm x 40 cm)
- mehrere Steine als Unterlage
- Heimtierstreu
- Dachpappe
- Schere zum Zuschneiden der Dachpappe
- Hammer
- Nägel
- Laubsäge
- Gartenschere
- dünne Zweige mit Blättern
- Holzstücke

Schwierigkeits- grad:

mittel

Und so geht's:

Säge mit der Laubsäge eine Öffnung in die Obstkiste. Dabei entfernst du bei der breiteren Seite der Obstkiste in der Mitte der oberen Latte ein etwa zehn Zentimeter breites Stück.

Schneide die Dachpappe so zu, dass sie das Dach und die Seiten der Kiste bedeckt, und befestige die Dachpappe mit Nägeln an den Ecken der Obstkiste. So ist der Unterstand wasserdicht und der Igel geschützt.

Lege an den Stellen, wo der Igel-Unterschlupf den Boden berührt, Steine aus. So kommt der Unterschlupf nicht direkt mit Wasser in Berührung. Verteile eine Schicht Heimtierstreu, am besten mit einem hohen Holzanteil, auf dem Boden.

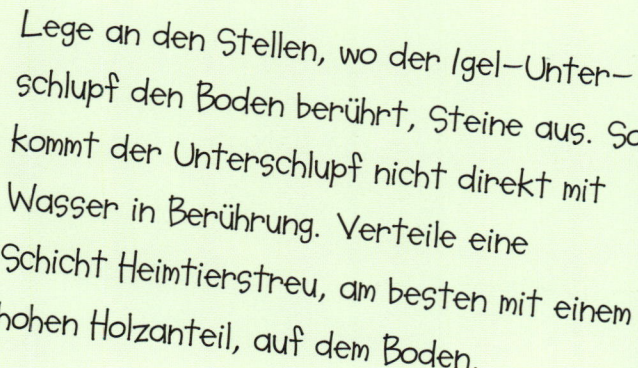

Schneide mit der Gartenschere einige dünne Zweige ab. Nimm dazu Zweige mit Blättern, am besten junge, biegsame Triebe, z. B. von Haselnuss oder Weide.

Lege die Kiste mit den weichen Zweigen aus. Die Blätter trocknen und schützen den Unterstand vor Zugluft.

Um den Unterstand stabiler zu machen, kannst du links und rechts vom Eingang und an der Rückseite noch einige Holz-stücke an den Rand legen.

Bedecke die Kiste mit Zweigen und Blättern. Du kannst den ganzen Herbst über Zweige und Blätter darübergeben. Achte jedoch darauf, dass die Blatt-decke nicht zu schwer wird.

INSEKTENHOTEL

Material:

- hohle oder markhaltige Pflanzenstängel in verschiedener Stärke, z. B. Bambusrohre oder Holunderzweige
- Laubsäge
- Handbohrer in verschiedenen Größen
- transparentes Klebeband
- Knetmasse, die an der Luft aushärtet, z. B. lufttrocknender Ton
- Blumentopf aus Ton
- feste Schnur

Schwierigkeitsgrad:

mittel

Und so geht's:

Säge mit der Laubsäge die Pflanzenstängel in Stücke. Die Stücke sollten etwas kürzer sein, als der Blumentopf tief ist. Lasse dir dabei am besten von einem Erwachsenen helfen.

Höhle die Stängel, sofern sie nicht hohl sind, mithilfe der Handbohrer aus. Das geht einfach, denn das Mark in den Rohren ist weich.

Bündle die Stängel und umwickle sie mit transparentem Klebeband. Beim Bündeln der Stängel solltest du dir von einem Erwachsenen helfen lassen – Erwachsene haben größere Hände und können das Bündel leichter umfassen.

Fülle die weiche Knetmasse in den Blumentopf. Kleide damit den Boden und die Ränder unten mit einer dickeren Schicht aus.

5

Drücke das Stängelbündel fest in den Blumentopf – achte darauf, dass möglichst jedes Rohr in der Knetmasse steckt.

6

Lege eine feste Schnur um den Topf und ver- knote die Schnur in der Mitte.

7

Platziere das Insektenhotel an einer wind- und regengeschützten Stelle, wo es Insekten gut finden können, z. B. auf einem Holzstapel, der von einem Dach geschützt ist, oder an der Wand eines Gartenschuppens.

NISTKASTEN BAUEN

Material:

- Nistkasten-Bausatz (erhältlich z. B. bei Naturschutz-Organisationen)
- Hammer
- Nägel
- Schraubendreher

Schwierigkeitsgrad:

 schwer

Und so geht's:

Lege alle Teile des Bausatzes auf den Tisch. Kontrolliere, ob alle Materialien für das Vogel-häuschen vorhanden sind. Lies die Anleitung zusammen mit einem Erwachsenen durch.

1

2

Stelle die Front des Nistkastens im rechten Winkel zu einem Seitenteil. Befestige beide mit Nägeln. Füge dann das zweite Seitenteil hinzu und nagle es fest.

3 Befestige die Bodenplatte von drei Seiten mit Nägeln; die Rückseite ist noch offen.

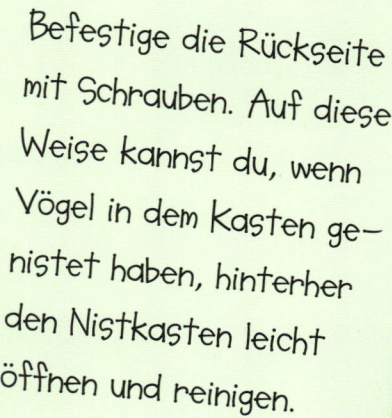

Befestige die Rückseite mit Schrauben. Auf diese Weise kannst du, wenn Vögel in dem Kasten genistet haben, hinterher den Nistkasten leicht öffnen und reinigen.

5

Schraube die Aufhänge-Öse oben am Nistkasten fest.

6

Befestige eine Dachabdeckung mit Nägeln. Füge die zweite Dachabdeckung hinzu und befestige sie ebenfalls mit Nägeln.

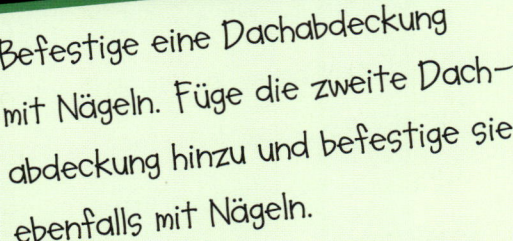

WEIDENTIPI BAUEN

Material:

- 1 Satz Weidenruten für ein Tipi (Baumschulware)
- Spitzhacke
- Spaten
- mehrere kleine Schaufeln
- großer Pflock
- Gartenschere
- Gartenhandschuhe
- Schnur
- großer Hammer (Campinghammer)
- Kompost- oder Gartenerde
- Gießkanne mit Wasser

Schwierigkeits-grad:

 schwer

Und so geht's:

Suche dir eine geeignete Stelle für dein Tipi. Stelle dich dorthin, wo sich die Mitte des Tipis befinden soll. Schlage den Pfosten mit dem Hammer in die Erde.

2

Befestige ein Stück Schnur an dem Pflock. Die Schnur muss halb so lang sein wie der Durchmesser des Tipis, d. h. etwa einen bis 1,25 Meter. Spanne die Schnur straff und gehe mit der Schnur im Kreis. Ein anderes Kind verteilt, während du im Kreis gehst, hinter dir in regelmäßigen Abständen Häufchen Erde.

Bitte einen Erwachsenen, die Erde im gesamten Kreis mit der Hacke zu lockern. Damit die Ruten tief in der Erde verankert werden können, ist es sinnvoll, wenn ein Erwachsener in einem Abstand von etwa 20 Zentimetern mit dem Pflock Pflanzlöcher in die Erde setzt.

3

4

Wähle drei stabile Ruten aus dem Paket mit den dickeren Ruten. Platziere die drei Ruten mit der Hilfe von Erwachsenen in Form eines dreieckigen Grundgerüstes.

Füge weitere Gerüstruten hinzu; ein Erwachsener wickelt etwas Schnur um die Rutenspitzen und zurrt sie fest.

5

6

Nimm nun die dünneren Weidenruten aus dem Paket. Platziere diese ebenfalls in den Pflanzlöchern und verflechte sie mit der Hilfe eines Erwachsenen. Achte darauf, dass die Ruten versetzt, also oberhalb und unterhalb der Gerüstruten, verlaufen, d. h. ein stabiles Flechtwerk ergeben.

7

Setze an die Ruten am Eingang je eine weitere Rute links und rechts und biege diese zu einem Bogen. Verknote die Eingangsruten oben mit der Schnur.

8

Fülle die Pflanzlöcher für die Weidenruten mit Komposterde auf. Häufle anschließend Erde rund um die Pflanzlöcher auf.

9

TIPP

Das Tipi begrünen

Weiden gedeihen auf fast allen Böden. Wichtig ist vor allen Dingen, dass du einen sonnigen Platz für dein Tipi aussuchst; nur dann treiben die Ruten kräftig aus und begrünen dein Tipi. Im ersten Jahr kannst du die austreibenden Ruten einflechten, so wird das Tipi noch dichter und stabiler. In späteren Jahren ist es sinnvoll, wenn ein Erwachsener die überstehenden Ruten mit einer Heckenschere zurechtschneidet. Damit das Tipi ein wenig bunter wirkt, kannst du es mit blühenden Kletterpflanzen beranken lassen. Ideal sind einjährige Kapuzinerkresse oder mehrjährige Clematis (Waldrebe).

Gieße die Erde rund um die Pflanzlöcher; es muss so viel gegossen werden, bis die Erde feucht und matschig ist. Halte das Tipi in den ersten Wochen und Monaten, während die Ruten anwachsen, immer gut feucht.

REGISTER

DANKSAGUNG

Ganz besonders möchte ich mich bei den Kindern, die bei diesem Projekt mitgewirkt haben, bedanken: Ellinor und Lioba Draeger, Alba, Peer und Tara Friedrich, Emilia Pereyra, Riccarda, Elisabeth Schölz, Julia und Lukas Steiger.